창연
디카
시선
020

방향 키

유홍석 외

한국디카시인협회&경남정보대학교
디카시창작지도사 1기 졸업 사화집

디카시 세상의 새로운 징검다리

김종회
(문학평론가, 한국디카시인협회 회장)

하늘 높고 바람결 삽상한 이 가을날에, 디카시 문예 운동과 그 보급의 일선에 서게 된 창작지도사 1급 여러분께 따뜻한 격려와 축하의 말씀을 드립니다. 한국디카시인협회와 경남정보대학교가 업무협약을 체결하고, 여러 부면에서 상호 협력을 추진해 온 결과로 이와 같은 성과를 이루게 되었습니다. 경남정보대학교 평생교육원에서는 지난해 9월 7일 디카시창작지도사 온라인 과정을 개설하고 3개월 단위로 4급, 3급, 2급, 1급 과정을 순차적으로 진행하여 마침내 1년의 세월을 보낸 후 2024년 9월 7일 수료식을 맞게 되었습니다.

이 과정에서 수강하면서 정말 최선을 다해 학습과 실습을 병행해 온 52명의 수료생에게 먼저 화사한 마음의 꽃다발을 안겨드립니다. 우리 협회에서는 디카시 관련 최초의 민간자격증인 〈디카시창작지도사〉 1급 자격증을 전해 드리면서, 향후 여러분의 새롭고 진취적인 역할에 대해 큰 기대를 갖고 있습니다. 동시에 여러분의 활동 현장에 할 수 있는 모든 지원을 다할 것임을 말씀 드립니다. 여러분 한 분 한 분이 이 길에 튼실한 징검다리가 되어주실 줄 믿습니다.

 뿐만 아니라 이 뜻깊은 수료식과 더불어, 여러분의 소중한 작품 두 편씩을 모은 사화집을 출간하게 된 데 대하여서도 축하와 감사의 말씀을 드립니다. 모두 잘 아시는 바와 같이 디카시는 남녀노소 누구나 동참할 수 있는, 영상문화 시대의 새로운 문예 장르이자 온 세계로 확산되고 있는 한류 문예의 참신한 얼굴입니다. 이제 새로운 추진력으로 등장하는 여러분의 활약으로, 디카시의 지경이 더 넓고 깊게 발전할 수 있기를 바라마지 않습니다. 여러분의 앞날에 건강과 문운이 함께 하기를 축원합니다.

"디카시에 대한 열정이 큰 세상을 여는 기회를 얻다."

정유지
(경남정보대학교 평생교육원장)

"이루고자 하는 게 있는 사람은 반드시 이룬다."

인용된 말은 유지경성(有志竟成)의 뜻을 풀이한 것이다. 이루고자 하는 뜻이 있는 사람은 반드시 성공한다는 고사성어이다.

한국디카시인협회와 우리 대학과 작년 7월 20일 업무협약(MOU) 체결을 한 이후, 경남정보대학교 평생교육원에 디카시창작지도사 4급 과정을 온라인 및 오프라인으로 개설했다. 이후, 강사 사정으로 오프라인은 폐강되었고, 온라인 3급 과정, 온라인 2급 과정, 1급 온라인 과정이 순차적으로 개설되어 드디어 수료식을 갖게 되었다.

실로 기쁜 순간이 아닐 수 없다. 디카시창작지도사 1급 과정은 대한민국 최초의 민간자격증이다. 전 세계에 18개 지부가 탄생하였고, 국내는 계속해서 지부와 지

회가 탄생하고 있다. 국내 종합문예지에 디카시가 소개되고 있으며, 시청, 구청, 군청, 백화점 문화센터, 방과 후 수업 등에 디카시 강좌가 쇄도하고 있다. 강좌가 풍성해지고 있음에 따라 이를 정확하게 지도할 강사진이 필요한 시기다.

정식으로 자격증을 취득한 강사에 의해 강좌가 이루어져야 디카시에 대한 매력이 배가되는데, 무자격자에 의해 강좌가 진행될 경우 그 폐해는 클 수밖에 없다. 디카시는 20년 역사가 존재한다. 그리고 영상기호와 문자기호가 화학적으로 결합된 멀티언어이며 디지털문학의 한 장르다. 디카시는 한글 문화콘텐츠를 기반으로 한, 대한민국의 세계적인 발명품이다. 대한민국이 종주국이다. 디카시를 사랑하면 할수록 대한민국 문화의 우수성을 세계에 알리는 효과까지 낳는다. 요즘 K-디카시 열풍이 불고 있다.

이러한 중요한 시기에, 디카시창작지도사 1급 과정을 취득한 분들에겐 두 가지 특전이 부여된다. 첫째, 대학에서 학점인정이 부여된다. 둘째, 디지털문예창작과 입학 시, 학점인정까지 적용된다. 아울러 시청, 구청, 군청, 문화센터, 방과 후 수업 등에 정식으로 강사로 취업할 수 있는 길이 열린다. 축하할 일이 아닐 수 없다.

디카시 세계화가 급물살을 타고 오는 시점에, 국내 최고의 자격증 과정인 1급 과정을 취득한 것은 미래를 예측한 현명한 선택임을 확신한다. 첫 번째로 1급 자격증을 취득한 것은 그 어떤 외풍에도 흔들리지 않는 뿌리 깊은 나무로 성장하는 밑거름이 되리라 기대한다.

남녘의 숙소에서

미야코 하루미를 듣는,

다낭 밤바다 먼 불빛 하나 깜박인다

이상옥
경남정보대 디지털문예창작과 특임교수
한국디카시연구소 대표

왈왈 ㅂㅂ

ㅂ, 찍지 마라

ㅂ, 네 안의 결핍을 굳이 여기서 찾지 마라

천융희
《시와경계》 및 《디카시》 부주간

초대시

까치밥

프로메테우스처럼
감나무가 붉은 심장을 꺼내
쪼아 먹히길 기다리고 있다
해마다 봄이 되면
심장은 다시 자랄 것이다

이기영
한국디카시연구소, 한국디카시인협회 공동 사무총장

깊고 푸른 숲을 꿈꾸며

유홍석
(디카시창작지도사 1기 회장)

산길을 걷습니다. 대개는 누군가 이미 걸어 익숙해진 길을 걷는데 가끔 사람의 발길이 없는 거친 야산을 오를 때가 있습니다. 와락 두려움이 느껴지지만 곧장 나아가면 익숙한 길이 나오리라는 믿음으로 헤치고 나갑니다.

이상옥 교수님의 실험적 창작으로 시작된 디카시 문예운동이 디지털 시대에 최적화된 문예양식으로 굳건히 자리 잡으며 스무 해를 맞았습니다. 생활문학으로 빠르게 퍼져 나가는 디카시의 확산에 길잡이 역할을 할 디카시창작지도사 1기가 48강에 이르는 과정을 모두 마쳤습다.

아무도 걷지 않은 새로운 길이지만 혼자가 아니라 함께 걷는 학우님들이 있었고 디카시 문예운동을 이끌고 있는 최광임 교수님의 지도가 있어서 두려움보다는 호기심으로 가득한 시간이었습니다. 거친 돌덩이의 결을 살려가며 세심하게 다듬는 장인의 정성으로 한 사람 한 사람 손잡아 끈기 있게 지도해 주신 교수님께 깊은 존경을 드립니다.

 이제 각자 진정한 자신의 길을 걸어가야 합니다. 비록 혼자 걷는 길이지만 같은 시각 어딘가 학우들이 함께 걷고 있다 생각하면 적지 않은 힘이 되리라 믿습니다. 더욱 빠르게 넓고 멀리 퍼져 나가는 디카시의 깊은 숲 한 모퉁이를 묵묵히 지키는 나무가 되어 가끔 메아리 주고받았으면 합니다.

차례

■ **축 사**
　김종회　디카시 세상의 새로운 징검다리 • 2
　정유지　디카시에 대한 열정이 큰 세상을 여는 기회를 연다 • 4

■ **초대시**
　이상옥　남녘의 숙소에서 • 6
　천융희　왈왈ㅂㅂ • 7
　이기영　까치밥 • 8

■ **인사말**
　유홍석　깊고 푸른 숲을 꿈꾸며 • 9

■ **신작시 • 1**
　김경애　욕심 외 1편 • 16
　김경언　가깝고도 먼 외 1편 • 18
　김경화　아침의 왈츠 외 1편 • 20
　김법정　고슴도치 거리 외 1편 • 22
　김석중　안 해도 되는 말 외 1편 • 24
　김수진　안전 불감증 외 1편 • 26
　김옥기　감격 외 1편 • 28
　김정숙　메아리 외 1편 • 30
　김혜순　줌인 외 1편 • 32
　남대희　사람 되기 외 1편 • 34
　류미월　고비 외 1편 • 36
　맹태영　바코드 외 1편 • 38
　민순기　후회 없는 선택 외 1편 • 40

■ **신작시 · 2**

박미경 단풍나무 우화 외 1편 • 44
박서희 토끼의 해먹 외 1편 • 46
박소영 경고 외 1편 • 48
박 하   은하수 외 1편 • 50
박해경 기억 상실증 외 1편 • 52
백운옥 액티브 시니어 외 1편 • 54
벼리영 아카펠라 외 1편 • 56
서성호 속닥속닥 외 1편 • 58
서장원 초록의 눈물 외 1편 • 60
성환희 강강술래 외 1편 • 62
손수남 우리가 외 1편 • 64
송문희 달팽이 외 1편 • 66
신선숙 신-캥거루족 외 1편 • 68

■ **신작시 · 3**

엄미경 매운맛 외 1편 • 72
오선자 살아있니? 외 1편 • 74
원서정 금줄 외 1편 • 76
위점숙 염 외 1편 • 78
유홍석 빈방 외 1편 • 80
윤 선   담다 외 1편 • 82
윤태환 행복 외 1편 • 84
이명희 웃음보 외 1편 • 86
이상미 세월 낚는 법 외 1편 • 88
이소영 남의 속도 모르고 외 1편 • 90
이소정 가로등 시계 외 1편 • 92
이시향 표지석 외 1편 • 94
이은란 간절하게 외 1편 • 96

■ **신작시 · 4**

임명훈   나무와 작은 새 외 1편 · 100
임옥훈   어르신 외 1편 · 102
임창연   봄 외 1편 · 104
장병연   따따부따 외 1편 · 106
장용자   조간 브리핑 외 1편 · 108
전숙이   사람, 그립다 외 1편 · 110
정경미   최연소 직원 외 1편 · 112
정호순   어우렁더우렁 외 1편 · 114
조규춘   등판 안내 외 1편 · 116
최희순   붓 편지 외 1편 · 118
홍영숙   13월의 시 외 1편 · 120
황재원   노릿노릿한 인생 외 1편 · 122
황주은   시詩 외 1편 · 124

■ **디카시창작지도사 제1기, 1급 과정을 마치며**

최광임   디카시 정체성을 알릴 52명의 전사 · 125

신작시 · 1

욕심 외 1편

김경애

언감생심 그물을 던졌다
감이 내 거라고 말은 못 하고

폭풍 성장

틀을 깨고
삐져나오는 중

감출 수 없는 춘정

김경애
경기도 의정부 거주
디카시집 『秀詩로 떠나는 디카시 여행』
jinjingai12@naver.com

가깝고도 먼 외 1편

김경언

말라버린 어미의 유선 같은,

쳐다보고 쪼아봐도
바싹바싹 타들어 가는

먼, 먼 기억

훈민정음

거리의 간판도, 아파트 이름도
외래어로 개명하는 시대
세종대왕 격노하실까
ㄱ, ㄴ, ㄷ, ㄹ… 논바닥에 심었나?

김경언
부산 거주
시집 『도시의 여자』 외
k01039368580@hanmail.net

아침의 왈츠 외 1편

김경화

오늘이 켜지면
햇살 한 컵 마신다

화려한 스커트
온 동네 시선 잡았네

은퇴의 꿈

하얀 근심이 날고 있다

방향 키 따라 흔들렸던 어제가
정박하는 시간

아직은 태평양으로 나가고 싶다

김경화
서울 거주
디카시집 『디카시, 섬광의 유혹』 외
choalove@empas.com

고슴도치 거리 외 1편

김법정

젊은 날 꼿꼿한 자존심
지키려는 가을

꽃샘 가운데 가시 돋친
봄 그리워도
상사화같이 만날 수 없는

학수고대하는 시인

맛깔나는 시어들 숨었을까
파도 틈새 바위 밑에

배고픈 나그네
밤낮으로 비틀고 뒤집고 거꾸로
찾아본다

김법정
인천 청라 거주
시집 『고흐가 귀를 자른 이유』 공저 외
j6448@naver.com

안 해도 되는 말 외 1편

김석중

늘 시끄럽다
크고 작은 말로 넘친다

눈에 보이는데

스타들

크기는 달라도
땀방울은 같다

김석중
서울 거주
디카시집 공저 『당신의 심장을 뛰게 한다면』 외
sjkstorm@hanmail.net

안전 불감증 외 1편

김수진

인간의 말을 수십 번 듣고
기도하는 법을 배웠다

인간은
수십 번 들어도 자꾸 잊는다

내가 또 알려줘야 하나?

아내와 화해하는 법

기다려야 한다

억지로 풀려고 하면
끊어진다
뚝뚝

김수진
미국 캘리포니아 거주
luckyman5998@gmail.com

감격 외 1편

김옥기

피었다
봄
햇살 눈 부셔
울고 싶다

우연한 만남

햇살이 눈 부신 날에
바람이 데려다준
너의 모습

김옥기
서울 거주
저서『감성배색가이드』
styleim@hanmail.net

메아리 외 1편

김정숙

꼭 꼭 숨겨 놓았던 말
다시 밀려와 솟아오른

못다 한 말

휴업

맑은 날 오리라!

서로 의지하며
꿋꿋이 버티고 있다

김정숙
부산 거주
시집 『당신의 섬』 외
jsojh@hanmail.net

줌인 외 1편

김혜순

걸어 들어오는 나무들

상처투성이 마음에게
말을 걸어온다

재롱떨다

어릴 적 혼자 채색옷 입고
귀여움 독차지한 막내

어른이 돼서도
구순 노모 앞에선 어린애다

김혜순
울산 거주
khss6808@naver.com

사람 되기 외 1편

남대희

바지 입고 신발 신는다고 걸을 수 있는 것은 아니야

키 크고 나이 먹는다고 어른이 되는 것도 아니야

동굴 속에서 쑥과 마늘을 먹는 시간도 필요해

빅브라더

우리는 이미

거대한 메모리 칩 속

데이터의 존재로 살고 있는지도 몰라

남대희
충청북도 청주 거주
시집 『나무의 속도』 외
alchsfl@hanmail.net

고비 외 1편

류미월

살다 살다

이런 고비 처음
보신다고요

조금만 더 견디면
확 풀릴 날 오겠죠

짝

오늘도 견딘다

발 시리고
험한 세상

류미월
경기도 용인시 거주
시집 『나무와 사람』 외
rhyu61@naver.com

바코드 외 1편

맹태영

엄마의 내리사랑은
슈퍼컴퓨터도 판독해 낼 수 없는 코드다

뇌경색

하는 말들이 어눌했고 걸음걸이도 비뚤비뚤했지요
가끔 어지럽다 해도 별일 아니라 생각했는데

꽃이 지고 나서 알았죠
반쪽만 피었던 동백나무가 그 사람 닮았다는 걸

맹태영
부산 거주
시집 『꽃방귀』 외
lucky2640@naver.com

후회 없는 선택 외 1편

민순기

본래의 맛을 잃을 수 없기에
어쩔 수 없이 빼내야 했다

티끌만 한 미련도 남기지 않은 채

버팀목

그때는 몰랐습니다

비바람 맞으며
지켜주던
그 사랑

민순기
서울 거주
미니디카시집 『꽃반지의 추억』 외
msk3868@hanmail.net

신작시 · 2

단풍나무 우화 외 1편

박미경

눈 맞추면 얼음

돌아서면

허물 벗는 날개

어무이

별이 된 그녀

누웠던 머리맡에
족두리만 놓여있다

박미경
강원도 양양 거주
phmk56@hanmail.net

토끼의 해먹 외 1편

박서희

보름달을 들고 가다
한 입 한 입 베어 먹었다

식곤증이 몰려온다

노부부

그래도 아직 볼만 하지 않소
간혹 벌도 찾아오고
노랑나비도 기웃거리다 지나가니

박서희
창원 거주
seuhee1009@hanmail.net

경고 외 1편

박소영

눈으로만 즐겨요

함부로 손대면
따끔한 맛을 보여주겠소

화기애애

너는 쿵
나는 짝
쿵작쿵작 쿵작쿵작

박소영
대전 거주
전자디카시집 『어쩌다 화단지기』
swan0625@hanmail.net

은하수 외 1편

박 하

날마다 밤을 지나

내 꿈은
다리를 건너 조금씩 오고 있다

시집가는 딸

안아 달라고 할 때
많이 안아줄 걸 그랬다

박 하
울산 거주
포토북 『경주에 가면』
78hkapple@naver.com

기억 상실증 외 1편

박해경

무엇을 해야 할지
기억나지 않아
넋 놓고 있습니다

혹시
봄이 왔습니까?

나무 자서전

오래될수록
글자체는 선명하고 두껍다

끝내 동강 나는 아픔이 있어야
읽을 수 있는
나무가 발간한 책

박해경
울산 거주
디카시집 『가장 좋은 집』 외
naho680@hanmail.net

액티브 시니어 외 1편

백운옥

발끝에 달린 열정의 나침반
내딛는 만학의 여정 따라
마르는 카오스의 눈물

큐피드의 말뚝

남몰래 들어와
심장에 박고서
나가지 못한다 떼쓴다

백운옥
창원 거주
hana35043504@hanmail.net

아카펠라 외 1편

벼리영

너와 내가 한목소리를 낼 때
비로소 조용해지는 바다

거친 포세이돈의 귀를 열게 하는

거짓말

연분홍 꽃비가 가슴을 흔드는 날
애타게 그댈 불러보지만
고요만 채우는 강

속이 까맣게 멍들었어요

벼리영
부산 거주
시집 『자갈치시장을 그리다』 외
ysl0107@naver.com

속닥속닥 외 1편

서성호

신도 아닌데 삼신 바위라고
무엇을 빌고 가네

"우리끼리 이야긴데, 너 능력 있어?"
"쉿! 들을라"

미완성

기억은 해의 통로 지나
녹음 속으로 점점 끌려들고 있다

하지만 사랑의 추억은
허물어져 가는 성안에 가둬 두고 싶다

서성호
대구 거주
시집 『산빛에 물든 꽃을 봅니다』 외
geunus@naver.com

초록의 눈물 외 1편

서장원

빼앗긴 꿈

이별도 때가 있는 것을

계절의 여왕이 연
오월의 역사가 서럽다

화려한 외출

코스모스 등에 업고
시골길 추억까지 넘보고 있다

한 눈 판 사이
세상 이치라며 나섰다

서장원
서울 거주
디카시집『보아야 봄이다』
jw6123@naver.com

강강술래 외 1편

성환희

전통 좀 아는 것 같다

놀이에 흠뻑 빠져있는 저 친구들

도반

키 색깔 모습 달라도

봄날 태어나 봄이 된 우리는

성환희
울산 거주
디카시집 『저 혼자 피는 아이』 외
ppi37@naver.com

이방인 외 1편

손수남

너 그게 뭐야 몇 살인데
똥오줌을 못 가려, 커다란 게

너는 몇 살인데 그게 뭐야
가릴 데를 가려야지 조그만 게
뿔도 모르면서

우리가

어디에 서있는가
어디를 향하는가

다시,
천년만년을 살아내야 할,

손수남
경남 고성 거주
시집 『니는 엄마가 죽어도 모르제』 외
skyboss0528@naver.com

달팽이 외 1편

송문희

한 짐 가득 쌓은 집
기어갈 날 아득하나

천만 근 무게는 즐거운 고행일까?

끄는 이 굽은 등은
누군가의 생각이 흔들리는 지점

출산

씨앗들의 첫울음
우렁차다

어떤 뉴스가 이보다 반가우랴

송문희
경남 밀양 거주
시집 『돌카의 등굣길』 외
edulife214@hanmail.net

신-캥거루족 외 1편

신선숙

꿈도 꿀 수 없는 내 집 마련
더 이상 졸라맬 허리도 없어
태곳적 고향으로 돌아온다

만학도

책 속에 머리를 박고
꿈틀거리는 글자를 찾고 있다

공부, 쉽지 않다

신선숙
대전 거주
디카시집 『브런치 타임』 외
wkfine2000@hanmail.net

신작시 · 3

매운맛 외 1편

엄미경

함부로 버리면
언젠간 폭발할지 몰라요

당신도 나도 그대들도

또 다른 길

수직으로 자라지 못한다고
끝난 건 아니야
너는 곧게 사는 중이야

엄미경
울산 거주
시집 『내 안의 무늬』
marusel@naver.com

살아있니? 외 1편

오선자

보고도 몰라

푸르름 가득한
향기로운 내 모습

곧 보여줄게

변신

아무도
못 말린 개구쟁이

지금은
누구나 우러러보는
큰 인물

오선자
부산 거주
동시집 『따라온 바다』 외
ohsj9644@hanmail.net

금줄 외 1편

원서정

봄이 태어났다

귀엽고 소중한 보물

온 동네 꽃잔치 열렸다

오징어 게임

인생, 힘껏 버티는 거야!

원서정
인천 거주
wsj_ksgi@naver.com

염 외 1편

위점숙

숲속 친구들이
한 땀 한 땀 수놓아 만든
매화꽃 수의 한 벌

마지막 가는 길
환하고 향기롭겠다

손선풍기

올여름 무더위
으아리 바람으로

조기 품절 예감

위점숙
서울 거주
디카시집 『사람아』
wiejsk@hanmail.net

빈방 외 1편

유홍석

방 두어 칸 빌려주고
사글세 복덕으로 살아왔는데
아랫동네 새집으로 모두 떠나고
봄날에도 찬 바람만 쓸고 지난다

일용직

목이 빠지게 하늘만 쳐다보다가
누군가의 손에 이끌려 나가면
그 하루의 삶에 생명 내맡긴다

유홍석
부산 거주
디카시집 『묵언』 외
widerock1@naver.com

담다 외 1편

윤 선

너를 놓친 사이
재빨리 눈치챈 수평선이
은빛 신발을 벗고 달려와
눈앞으로 들어선다

쉬는 시간

바닥과 바닥이 만나
굽은 둘레길을
이 악물고 오르고 내렸네
발바닥이 아려오는 당신께
내 등을 내어드립니다

윤 선
경기도 일산 거주
시집 『별들의 구릉 어디쯤 낙타는 나를 기다리고』.
iuu1188@hanmail.net

행복 외 1편

윤태환

그냥 같이 있어서
즐겁고

마음까지 통해
행복해요

일시무시일 一始無始一

시작은
끝이 있고

또다시
시작되네

윤태환
부산 거주
thyoon13@hanmail.net

웃음보 외 1편

이명희

벌린 입 크기만큼
복은 들어오고

웃음소리 크기만큼
좋은 일이 생긴다

민망함

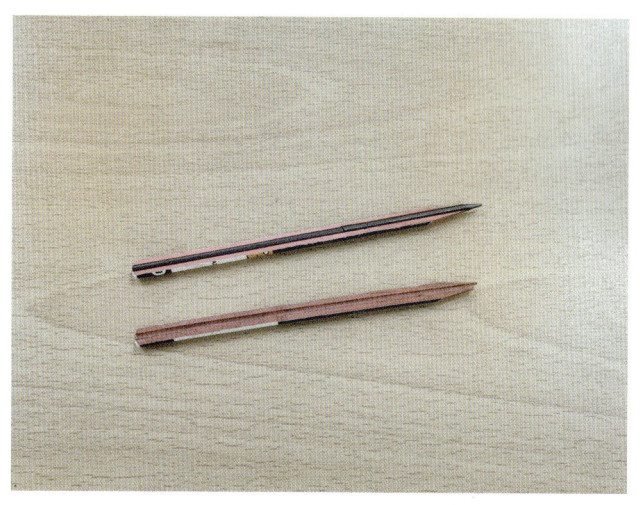

치열한 싸움 끝에

내 속 다 보였다

이명희
울산 거주
동시집 『웃음도돌이』 외
kidschool7@hanmail.net

세월 낚는 법 외 1편

이상미

별 지우고
바람 잠재우고
색 지우고

봄의 왈츠

비를 견딘 햇살 따라
즐거운 음률 번져나가고

캠퍼스를 나서는 청춘들 원스텝 투스텝

이상미
부산 거주
시집 『그리우면 그리운 대로』 외
6776ml@naver.com

남의 속도 모르고 외 1편

이소영

너랑 놀려면
나도 이렇게 앉아 있어야 하는 거야?
꽃구경 가야지

이러고만 있으면
안 심심해?

나무 위에 집을 짓고

한 줌 흙으로 충분하다고
멀리 보여 더 좋다고

제비들 생글생글 자분거립니다

이소영
서울 거주
저서 『기적의 영단어+쓰기노트』 외
rheexy@hanmail.net

가로등 시계 외 1편

이소정

밤새 멈추어 있다

잠수정

어느 날 물 밑으로
내려가더니

아직도 올라오지 않는다

이소정
창원 거주
시집 『깎다』
sonsj0530@naver.com

표지석 외 1편

이시향

어제도
오늘도
내일도
이곳은 태화강이라고 서 있는
선바위 몸매

보름달 레시피

새벽 기운 조금
한낮 햇살 듬뿍
저녁노을로 간을 하고
바람을 쏠쏠 불며
보름 동안 숙성하지

이시향
울산 거주
디카시집 『우주정거장』 외
rustyangle-one@hanmail.net

간절하게 외 1편

이은란

날아라 꽃들아
가자 지구로
우크라이나로
전장의 불 꺼버려라

참살이

높이를 쫓다가
생각을 바꾼다

여기도 족하다

이은란
서울 거주
시집 『사랑부전나비를 위하여』 외
silverran@naver.com

신작시 · 4

나무와 작은 새 외 1편

임명훈

내 어깨에
깃털만 남겨 놓고
가버린 너

그 온기 보듬고
오늘을 산다

화무십일홍

참 좋을 때다

나도 그런 말
듣던 적 있지

임명훈
경기도 제부도 거주
rmhh3710@hanmail.net

어르신 외 1편

임옥훈

나도 저 나이 되면
기대는 사람 있을까
사방 삼 백리
그늘 펼 수 있을까

영춘화

그대 온다기에 단장했어요

바람이 실어 오는
발자국 소리

가슴에 별 강 흐르네요

임옥훈
대전 거주
디카시집 『울퉁불퉁』
lon1239@hanmail.net

봄 외 1편

임창연

아무도
멈추지
못하는,

일방통행

찰나

바람에 잠시 마음이 흔들리자
햇살은 순간을 놓치지 않았다

물이 지문을 채취당한 건
눈 깜짝할 사이였다

임창연
창원 거주
디카시집 『화양연화』 외
7calltaxi@hanmail.net

따따부따 외 1편

장병연

같은 듯
다른 목소리

울대를 높이자
독을 품으며 길어지는 혀

나비의 꿈

꿀 독에 빠진 이 순간이
내 인생의

화.양.연.화

장병연
경기도 과천 거주
식물 에세이 『수리산 꽃이야기』
bomnae59@hanmail.net

조간 브리핑 외 1편

장용자

쏟아지는 아침 뉴스에
바쁘다 바빠

봄 햇살로 문을 연
참새 방앗간

교차로

가다 서다를 반복하더니
기어이 뒤엉킨 신호

잠시 멈출 수밖에

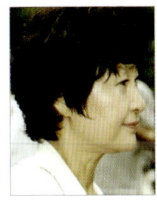

장용자
대전 거주
디카시집 『오늘이 기록 중입니다』 외
ok_miso@naver.com

사람, 그립다 외 1편

전숙이

말이 없다

말하고 싶다

보기만 하면
손가락만 커질지도

각방

귀잠 자는 당신
괭이잠 자는 나 때문에
깰까 봐

정말이야

전숙이
경기도 시흥 거주
jeon0330@hanmail.net

최연소 직원 외 1편

정경미

엄마는 좀 쉬세요

가게는
제가 지킬게요

아슬한 동거

서로
받쳐주고
품어주고

지금은
함께 꿈꿀 시간

정경미
부산 거주
childnew2@hanmail.net

어우렁더우렁 외 1편

정호순

꽃길은 네가 가도 꽃길
내가 가도 꽃길

너와 나 우리 모두
함께 하면 꽃꽃꽃, 꽃길

가운데 길

좌파, 우파 득세에
발 디딜 곳 없는 중도파

정호순
서울 거주
디카시집 공저 『카이로스』
1jhosoon1@hanmail.net

등판 안내 외 1편

조규춘

내딛고 날렵한 발
매달릴 때는 네 발

학 다리 서기는 공격 준비다

추위에선 떼 지어 살고
반복은 잔소리가 아닌걸

사은숙배 謝恩肅拜

오월의 왕관은 뜨겁다

교향악 울리자
별빛 내려앉아
세상 밝히니 고마워요

우리는 디카시 광

조규춘
광주 거주
디카시집 『줄탁동詩』 외
chwss@hanmail.net

붓 편지 외 1편

최희순

사랑해
내꺼야 너는

바람이 후우우

자랑해
내꺼인 너를

낙엽

바람아 태풍으로 오라

다 찢겨도
한 방울 피로 스며들리라
당신 심장 속으로

최희순
서울 거주
smalldal88@naver.com

13월의 시 외 1편

홍영숙

사시절 들락날락
소소한 꿈이 일으키는 봄

문설주 없어도
만개의 행복이 버틴다

세상 입학 길

온몸 꽃 한 송이
서 있는 자리도 길이다

바닷소리 높아지면
뒷걸음 따라 커지는 노래

엄마야 아빠야 아

홍영숙
광주 거주
시집『조각보를 깁다』외
paradiso53@naver.com

노릿노릿한 인생 외 1편

황재원

내 뜻 없이 뒤집히기만 했던
반전의 연속

모나지는 않았지만,

속없이 살지도 않았다

무욕 無慾

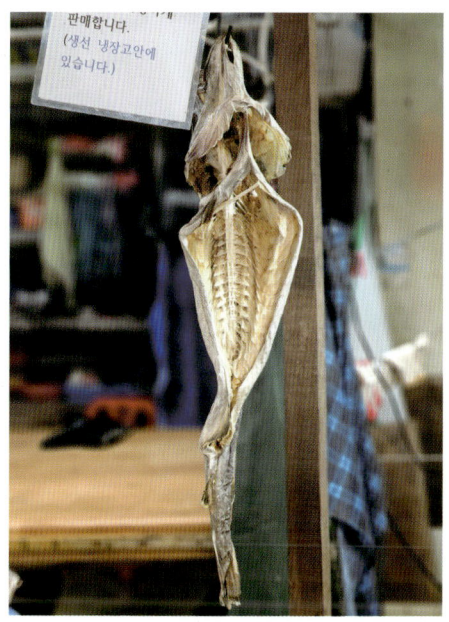

오장육부 들어내고
마음까지 드러내면

속상할 일은 없지

황재원
진주 거주
hjwon23@gmail.com

시詩 외 1편

황주은

차가운데 따뜻하고, 가벼운데 무겁고
날아오는가 하면, 사라지고

비우면 앉았다, 채우면 날아가는
나의
하얀 카나리아

시인 詩人

해가 뜨는지 비가 오는지
날마다 마음은 절벽

시간을 녹이며, 온몸을 삭히며
새 문장을 기다리는 사람

황주은
서울 거주
시집 『불의 씨』 외
serenityej@hanmail.net

■ 디카시창작지도사 제1기, 1급 과정을 마치며

디카시 정체성을 알릴 52명의 전사

최광임(지도교수)

 서울, 대전, 부산, 울산, 광주, 창원, 진주, 인천, 밀양, 군위, 청주, 시흥, 경남 고성…… 그 밖의 강원도 양양, 더 멀리 미국 캘리포니아 등에 디카시창작지도사 선생님들이 산다. 이분들과 4급, 3급, 2급, 1급 과정의 수업을 매주 했다. 2023년 9월 7일 첫 수업을 시작하여 2024년 9월 7일 수료한다. 멋진 프로슈머들의 열정이 의기투합하여 4급에서 1급까지 일사천리로 왔다. 가을에서 가을로 온 셈이다.
 디카시를 좋아해서, 디카시가 궁금해서 공부를 시작한 이 프로슈머들은 이제 디카시 정체성을 알릴 전사가 되겠다고 한다. 좋은 시인은 좋은 디카시를 쓰는 사람이고 좋은 지도사는 좋은 디카시를 쓸 수 있도록 지도하는 사람이다. 좋은 디카시 전사는 이 두 가지를 다 하는 사람이다.

 유홍석 회장님 넉넉하게 잘 이끌어 주셨습니다. 김경화 부회장님 뒷바라지 고생 많으셨습니다. 그리고 52분의 전사님들 한결같은 마음으로 함께 해주셔서 고맙습니다.
 선생님들의 디카시 사랑의 열의가 계속되기를 앙망합니다.

창연디카시선 20

한국디카시인협회&경남정보대학교
디카시창작지도사 1기 졸업 사화집

방향 키

2024년 9월 7일 발행

지 은 이 | 유홍석 외
편 집 인 | 김경화
펴 낸 이 | 임창연
펴 낸 곳 | 창연출판사
주　　소 | 경남 창원시 의창구 읍성로 36
출판등록 | 2013년 11월 26일 제2013-000029호
전　　화 | (055) 296-2030
팩　　스 | (055) 246-2030
E-mail | 7calltaxi@hanmail.net

값 15,000원
ISBN 979-11-91751-59-8　　03810

ⓒ유홍석, 2024

* 이 책의 판권은 저자와 창연출판사에 있습니다.
* 양측의 서면 동의 없이 무단 전재나 복제를 금합니다.